AF224532

REVENDICATION

PAR

M. HIPPOLYTE-AUGUSTE BACHELET

CONTRE

LE DOMAINE DE L'ÉTAT

DE TERRAINS

SITUÉS A ORAN, MAINTENANT INTRA-MUROS,
ET SUR LESQUELS ÉTAIT, AU MOMENT DE LA CONQUÊTE,
ET EXTRA-MUROS, UN VILLAGE APPELÉ
KALAÏA.

ORAN
IMPRIMERIE A. NUGUES, BOULEVARD CHARLEMAGNE
—
1882

Plan dressé le 23 Avril 1851, par M. Voignier, Géomètre des Domaines, pendant l'instance en revendication formée par les sieurs Benhaïm.

« Certifié conforme aux indications de Si Hamida, mufti, de Mohamed bel Gaïd,
« caïd du village des nègres, de Kaddour ben Kouïa, son Kalifat, et de Mahi el din,
« chaouch des Domaines. »

« Le Géomètre des Domaines.
« Signé : Voignier.

Vu :
Oran, le 7 Juin 1851.
Le chef de l'enregistrement et des Domaines
Signé : Bex.

« car   u ui ag   ,   ...
« chaouch des Domaines . »

Vu :
Oran, le 7 Juin 1851.
Le chef de l'enregistrement et des Do...
Signé : Bex.

N.
N.

Pla...   Figuier
de l'ancien...
Ka...

Lunette
St André.

Les teintes jaunes ...
par le jugement Mur...
Benhaïm possèdent
notamment par l'acqu...
15 Juin 1846.. Jugeme...
le 10 Août 1851.

REVENDICATION

PAR M. **Hippolyte-Auguste BACHELET,** A L'EN-
CONTRE DU **Domaine de l'État,** DE TERRAINS SITUÉS
A **Oran,** MAINTENANT INTRA-MUROS, ET SUR LESQUELS
ÉTAIT AU MOMENT DE LA CONQUÊTE, ET EXTRA-MUROS,
UN VILLAGE APPELÉ **Kalaïa.**

En dirigeant ses flottes vers l'Algérie il y a 52 ans, aussi bien pour détruire la piraterie que pour venger l'insulte faite à son représentant, la France ne pouvait se dispenser de glisser dans les bagages de son armée le principe de l'inviolabilité de la propriété, qu'elle a inscrit dans sa loi civile, et au frontispice de toutes ses constitutions.

Aussi la convention intervenue le 5 juillet 1830, entre le dey d'Alger et le comte de Bourmont, chef de l'expédition, pour établir les conditions de la capitulation de cette ville, porte-t-elle :

« La liberté des habitants, leur religion, *leurs proprié-*
« *tés* seront respectées. »

Tant s'en est fallu qu'il en ait toujours été ainsi, car des ordonnances, puis de simples arrêtés ministériels sont venus éluder cet engagement en décrétant que le seul fait de l'occupation d'un immeuble pour cause d'utilité publique, sans l'accomplissement d'aucune formalité, équivalait à expropriation, et qu'un délai de *trois mois* (voir ordonnance du 9 mai 1845), était accordé aux propriétaires pour le règlement de l'indemnité.

Les absents, les mineurs eux-mêmes n'étaient pas épargnés, de sorte que l'individu momentanément éloigné, ou en état d'incapacité légale le mettant dans l'impossibilité de réclamer, était, quelle que fût sa nationalité, bien et dûment dépouillé de son patrimoine, sans qu'il pût en exiger le prix. Après trois mois on lui répondait : *Il est trop tard.*

Telle est la législation draconienne et *inconstitutionnelle* appliquée en Algérie dans les premières années de l'occupation. Cette explication était indispensable, car, sans elle, les pages qui vont suivre, lues dans la Métropole, où on a en horreur tout attentat contre la propriété, ou n'auraient pas été facilement comprises, ou n'auraient rencontré qu'incrédulité, alors surtout que ces pages vont encore démontrer que cette législation a été quelquefois invoquée par le Domaine de l'Etat, pour des cas dans lesquels elle n'était pas applicable, *et sans aucune raison d'utilité publique.*

§ 1er

Rasement du village de Kalaïa dans l'intérêt de la défense. — Achat d'une partie de l'emplacement par les sieurs Benhaïm.

Au moment de la conquête qui, pour Oran, remonte à septembre 1831, le fortin appelé la *lunette Saint-André,* situé en dehors des remparts de cette ville, était avoisiné au sud par un village appelé **Kalaïa,** dont les maisons et les jardins furent détruits, ou, en terme de guerre, furent rasés par le général Boyer, *dans l'intérêt de la défense.*

L'Autorité Française ne se préoccupa plus des emplacements, autrement que pour empêcher qu'on y construise, en les frappant de la servitude *non œdificandi*, par application de la loi du 18 juillet 1819.

Par six actes passés devant Me Claudin, notaire à Oran, les 15, 17, 18 juin, et 16 octobre 1846, et deux du Cadi d'Oran des 26 mai et 3 juin même année, déposés le 17 juillet 1868 au rang des minutes de Me Montader notaire à Oran, deux Israélites, Nessim Benhaïm et son cousin Ephraïm Benhaïm, ont acquis des indigènes Abd-el-Azziz, Bel-Aouni, Sahraoui, Bouzian, Kaddour-ben-Miloud, El-Mejaat-ben-el-Hadj, et Aïssa-ben-Omar, environ trois hectares de l'emplacement des maisons et des jardins rasés, puis, par d'autres contrats, et auprès d'autres indigènes, douze hectares de terres de culture à la suite, soit en tout une superficie de quinze hectares.

§ 2

Instances soutenues en 1849 et en 1853, par les sieurs Benhaïm contre l'Etat. — Reconnaissance à leur profit de deux hectares grevés de la servitude non œdificandi.

En 1849 et en 1853, le Domaine de l'Etat prétendit que les achats des Benhaïm ne s'appliquaient pas aux terrains par eux revendiqués, et obtint gain de cause pour treize hectares, après deux instances dont la première a donné lieu à une enquête qui constate que leurs droits doivent s'exercer sur l'espace situé entre le nouveau village des Nègres et la lunette Saint-André, c'est-à-dire sur l'emplacement du village et des jardins détruits par le général Boyer, et que ces droits représentent environ deux hectares en quatre parcelles.

A la date du 7 juin 1851, le Domaine a fait dresser un plan qu'ont signé son directeur M. Bex, et son géomètre nommé Voinier, et qui représente par des teintes jaunes les points où se trouvent les terrains appartenant aux sieurs Benhaïm, comme acquéreurs des indigènes ci-devant nommés.

Le jugement intervenu sur l'enquête est du 10 avril 1849, il a été confirmé en appel le 18 août 1851 ; il porte :

« Attendu qu'il résulte du procès-verbal dressé par le juge-
« commissaire nommé pour l'application des titres respectifs des
« parties sur les lieux en litige, *que les demandeurs ont véritable-*
« *ment quatre droits de propriété distincts*, sur le terrain vague
« et dégarni d'habitations, placé entre la lunette Saint-André et
« le Village-Nègre, formant quatre petites parcelles sans conti-
« guïté les unes avec les autres, et pouvant donner ensemble
« une valeur approximative de deux hectares, etc.,
« Le Tribunal déclare les dits demandeurs Ephraïm et Nessim
« Benhaïm non recevables en leur demande en délaissement de
« tout ou partie du terrain occupé par le Village-Nègre, **sauf à**
« **eux à exercer leurs droits de propriété sur les deux hec-**
« **tares qui leur sont reconnus par le présent jugement,**
« **contre qui de droit, et ainsi qu'ils aviseront.** »

Au cours de la seconde instance, et à la date du 29 mai 1854, en vertu d'un arrêt de la Cour d'appel d'Alger du 26 décembre 1853, M. le Juge de paix d'Oran procède à une seconde enquête qui place encore les achats des sieurs Benhaïm sur le plateau de Kalaïa.

A cette occasion le Domaine fait établir un nouveau plan daté du 8 août 1854, enregistré à Oran le 18 du même mois, folio 77, verso, case troisième, et qui, comme celui du 7 juin 1851, indique par des teintes jaunes la situation des terrains acquis par les Benhaïm en 1846, de la famille Ben-Aouni, de la famille Abd-el-Azziz, et des indigènes Kaddour-ben-Miloud et Kaddour-ben-Omar.

§ 3

Décret du 28 janvier 1868 qui lève la servitude non ædificandi. — Vente par les sieurs Benhaïm à M. Bachelet, d'une partie de leurs deux hectares. — Nouveau procès avec l'Etat.

Les sieurs Benhaïm, après avoir perdu treize hectares sur quinze, par les deux procès qu'on vient d'analyser, devaient bien se croire à l'abri de toute convoitise de la part de l'État, pour les deux hectares que leur reconnaît le jugement du 10 avril 1849, d'autant plus que le Directeur des Domaines leur avait offert plusieurs fois d'en faire contradictoirement la reconnaissance et la délimitation. Mais comme cette superficie était grevée de la défense de construire, et dès lors à peu près inutilisable, les Benhaïm ne se donnèrent pas la peine de procéder à un bornage dans toute l'acception du mot, ils se contentèrent de la cultiver, mais ils durent abandonner même la culture trop peu lucrative sur un sol rocheux. Les troupes de passage vinrent ensuite de temps à autre y camper, et celles de la garnison y manœuvrer, sans opposition de la part des propriétaires, parce qu'ils n'en éprouvaient aucun préjudice réellement appréciable.

On aurait, du reste, bien ri d'eux, si à cette époque ils avaient eu la prétention d'interdire l'accès d'un terrain vague à des bataillons armés.

Il est à remarquer que les troupes venaient sur le plateau de Kalaïa, quoiqu'un arrêté de M. le Gouverneur général du 6 mars 1845 leur ait affecté les terrains joignant les remparts de la ville, et malgré l'achat fait d'un sieur Kanoui par l'Etat, suivant acte reçu par Mᵉ Sauzède, notaire à Oran, le 26 juillet 1854, d'un champ de manœuvres situé bien au-delà de l'emplacement de Kalaïa.

Survint enfin un décret du 28 janvier 1868 qui affranchit les abords de la ville et ceux de la lunette Saint-André, de la servitude *non œdificandi,* en reportant beaucoup plus loin les remparts; les sieurs Benhaïm, porteurs du jugement du 10 avril 1849, passé en force de chose jugée, et qui les reconnaît propriétaires de quatre parcelles équivalant à environ deux hectares, trouvent alors facilement acquéreurs; aussi en vendent-ils à M. Bachelet *sept mille neuf cents mètres,* suivant quatre écrits sous signature privée, déposés aux minutes de M⁰ Montader, notaire à Oran, le dix-sept juillet mil huit cent soixante-huit..................................... 7,900 mètres.

Puis les sieurs Benhaïm se disposent à utiliser le surplus de leurs deux hectares, mais ils en sont empêchés au nom de l'Etat, *et manu militari,* car des sentinelles armées avaient pour consigne d'arrêter et de conduire au poste de la place quiconque se permettrait une entreprise, de quelque nature qu'elle fût, sur les terrains de l'ancienne zone de servitude.

Il leur a bien fallu s'adresser une seconde fois aux tribunaux, et à leur grande surprise un jugement du 23 mars 1869, qui les déboute de leur revendication, est confirmé en appel par un arrêt du 22 décembre même année, qui décide que les actes de possession (manœuvres et campements de troupes), invoqués par l'Etat, ne présentaient pas la condition de continuité exigée par l'article 2229 du code civil, comme l'un des éléments du droit de prescrire, mais :

1° Qu'il n'était pas possible de retrouver la situation des terrains revendiqués.

« Et pourtant elle est indiquée sur deux plans dressés « par le Domaine lui-même, à la suite des enquêtes de « 1849 et de 1854. »

2° Que la reconnaissance des droits des demandeurs n'avait pas acquis l'autorité de la chose jugée, parce que le dispositif du jugement n'avait rien statué à leur égard.

« Et pourtant c'est bien dans le *dispositif* lui-même
« qu'il est dit :

« Sauf aux Benhaïm à exercer leurs droits de propriété
« sur les deux hectares *qui leur sont reconnus par le*
« *présent jugement.* »

« (Voir sur le caractère du jugement équivalant à titre
« *adversus omnes,* sauf le droit de tierce opposition, un
« arrêt de la Chambre des requêtes du 22 mai 1865, com-
« mune de Lally contre commune de Prébois). »

3° Qu'en rasant les maisons et les jardins, l'Etat avait
exproprié de fait leurs emplacements par application de
l'ordonnance du 1er octobre 1844 (art. 79), d'après laquelle
l'expropriation pour les époques antérieures est réputée
consommée par le seul fait de la démolition ou de l'occupation effective de l'immeuble, enfin par tout acte ou fait
administratif ayant eu pour résultat de faire cesser la
possession du propriétaire.

« Et pourtant il est de jurisprudence constante que
« pour qu'il y ait expropriation consommée il faut,
« de la part de l'Etat, une prise de possession effective
« de l'immeuble, et une affectation à un service public.
« (Arrêt de la Cour d'appel d'Alger du 11 juillet 1863,
« Bœnts contre l'Etat, et arrêt du Conseil d'Etat du
« 24 juin 1868, Aillaud contre le Génie, terrains aux
« abords des remparts de Bône.) »

Or la démolition des maisons et le rasement des jardins de Kalaïa n'ont nullement fait cesser la possession
des propriétaires sur les emplacements, car ces opéra-
tions, simples faits de guerre, n'avaient pas pour but
l'occupation du sol, ni son affectation à un service public.
Il ne sagissait que de faciliter le jeu de l'artillerie et de la
mousqueterie, aux alentours de la lunette de Saint-André.

Néanmoins la Cour d'appel ayant, au détriment des
Benhaïm, décidé qu'il y avait expropriation de fait par

l'opération du rasement des maisons et des jardins, la Cour de cassation a, le 7 novembre 1871, rejeté en ces termes le pourvoi qu'ils avaient formé.

« Attendu qu'il est déclaré en fait, par l'arrêt attaqué, qu'en
« 1832, *dans l'intérêt de la défense d'Oran,* les constructions qui
« se trouvaient sur les emplacements aujourd'hui réclamés par
« les Benhaïm, comme étant leur propriété, ont été démolies,
« que les jardins ont été supprimés et nivelés;
« Attendu que ces faits ont eu pour conséquence de consom-
« mer l'expropriation, *et qu'il n'est ni justifié ni même allégué*
« *par le pourvoi, que les propriétaires aient été remis en pos-*
« *session,* etc.,

« Rejette. »

Or, les propriétaires du sol en avaient si peu été dépossédés que si dans le délai fixé par l'ordonnance du 9 mai 1845 ils en avaient réclamé le prix, l'administration préposée au réglement des indemnités les eût repoussés en leur objectant que l'Etat ne l'occupait pas. Ce qui était vrai, et a permis de le vendre aux Benhaïm en 1846, sans que pendant le cours des deux instances survenues en 1849 et en 1853, l'Etat ait opposé aux acquéreurs des actes de possession.

§ 4

Portée de l'arrêt rendu sur le pourvoi formé par les Benhaïm. Etat vrai de la jurisprudence de la Cour de cassation sur les expropriations de fait.

En se basant sur ce qu'il n'était pas allégué que les propriétaires des emplacements de Kalaïa *aient été remis en possession* (mesure inexécutable puisqu'ils n'avaient pas été dépossédés), la Cour de cassation démontre qu'elle croyait que ces emplacements avaient été appréhendés par l'État, *ce qui n'est pas*. On s'est contenté d'en paralyser jusqu'à un certain point l'usage, par la défense de construire, cause principale d'inaction pour les Benhaïm, de même que pour d'autres propriétaires de la zone, comme l'admet un arrêt Gabay contre le Préfet d'Oran rendu par la Cour d'appel d'Alger le 11 mars 1872, et qui, en donnant raison à Gabay, s'exprime comme il suit sur une prétendue expropriation de fait alléguée par le Domaine :

« Attendu que si le propriétaire est resté pendant de longues « années dans l'inaction, c'est parce que l'immeuble, se trouvant « placé dans la première zone des servitudes militaires, et « n'étant pas susceptible de culture, avait perdu toute valeur « vénale. »

Les mêmes circonstances se présentaient pour les emplacements de Kalaïa ; et on aurait dû d'autant mieux y avoir égard qu'il suffit de lire l'ordonnance du 9 mai 1845, pour se convaincre de plus en plus que, dans l'esprit du législateur, d'accord d'ailleurs avec le bons sens et l'é-quité, la démolition n'équivaut pas à elle seule à expro-priation, car l'article 1er porte :

« Toute demande d'indemnité pour *démolition ou expropria-* « *tions* antérieures au 31 juillet 1836, devra être formée dans le « délai de trois mois. »

Alors, quand il y a démolition, il n'y a pas toujours, pour cela, expropriation, laquelle n'est consommée que si on démolit pour occuper le sol dans l'intérêt d'un service public. Autrement il n'y aurait jamais eu lieu à indemnité de démolition, *c'eût toujours été une indemnité d'expropriation.*

Le pourvoi des Benhaïm a dès lors été rejeté le 7 no-vembre 1871, parce que la Cour de cassation était per-suadée que si l'on invoquait l'expropriation, c'est que l'immeuble avait été occupé au nom de l'État ; *elle le prouve en leur objectant qu'ils n'ont pas été remis en possession.* Si donc la Cour eût su que sur les terrains litigieux il n'y avait eu de la part de l'autorité, ni prise de possession, ni affectation à un service public, elle eût cassé, sans hésiter, l'arrêt de la Cour d'appel d'Alger du 22 décembre 1869, pour violation de l'article 545 du code civil, d'après lequel nul ne peut être contraint de céder ce qui lui appartient, *que pour cause d'utilité publique.*

Or l'utilité publique, à Kalaïa, demandait deux choses: que les maisons et les jardins disparussent, et que sur leur sol il fût interdit de construire, par l'application des lois sur les servitudes autour des places de guerre.

L'intérêt général ayant reçu satisfaction sur ces deux points, *sans que l'État ait eu besoin d'occuper le sol,* il est resté dans le patrimoine de ceux à qui appartenaient les constructions et les jardins détruits.

Et la Cour suprême s'est tellement bien rangée à l'opinion de la nécessité pour l'État en Algérie, dans la période antérieure à 1845, d'avoir tout au moins occupé d'une façon apparente, et dans l'intérêt d'un service public, pour invoquer une expropriation de fait, et sans l'accomplissement des formalités prescrites par la loi, qu'elle le dit non-seulement d'une façon implicite, dans l'arrêt Benhaïm du 7 novembre 1871, mais encore en *termes formels* dans l'instance Gabay, objet de l'arrêt d'appel çi-devant rapporté du 11 mars 1872, à propos d'un terrain situé aussi dans la zone des servitudes de la place d'Oran, arrêt contre lequel le Préfet d'Oran s'est pourvu devant la Chambre des requêtes qui, le 23 décembre 1873, a statué en ces termes.

« Attendu que l'État opposait que le terrain litigieux avait été
« l'objet d'une expropriation de fait, soit par son attribution à
« à un service public, soit enfin par des actes ou faits adminis-
« tratifs ayant eu pour résultat de faire cesser la possession des
« propriétaires ;

« Attendu que l'arrêt attaqué déclare en fait que les actes d'ap-
« préhension de l'État se réduisent à des manœuvres de troupes ;

« qu'on ne trouve point là le fait de l'occupation effective de l'im-
« meuble,

« Rejette. »

Ainsi d'après cet arrêt, le dernier sur la matière, il n'y a bien expropriation, pour les premiers temps de la conquête, *qu'à condition de l'occupation effective de l'immeuble;* et les manœuvres de troupes ne constituent pas cette occupation.

Il est évident que la démolition des maisons et le nivellement des jardins dans une zone de servitude, *et dans l'unique intérêt de la défense, non suivis de l'occupation du sol, ne la constituent pas davantage.* Aussi la revendication Gabay a-t-elle été accueillie, quoique l'Etat ait objecté, et qu'à l'enquête qui a été faite les 19 et 24 juin 1871, plusieurs indigènes aient déposé que, sur le terrain revendiqué, le général Boyer avait, comme sur Kalaïa, fait raser toutes les plantations dans l'intérêt de la défense et parce qu'elles servaient d'embuscade aux Arabes (ajoute l'un des témoins), pour faire le coup de feu.

C'est pour cela qu'aux cours des instances de 1849 et de 1853, l'expropriation résultant de la démolition des maisons et du rasement des jardins n'a jamais été invoquée ; ce n'est que *vingt ans plus tard,* que le Domaine de l'Etat a recouru à ce moyen, pour paralyser les effets de la reconnaissance, en faveur des Benhaïm, de quatre parcelles contenant environ deux hectares, contenue au jugement du 10 avril 1849.

Et du reste, les achats des Benhaïm ne comportaient pas que des maisons, puisqu'ils ont acheté de la famille Bel-Aouni, le 15 juin 1845, un jardin contenant neuf mille quatre cent quarante-un mètres. Il n'y a donc pas eu là une démolition, mais seulement rasement des haies de cactus et d'aloès qui, comme dans l'affaire Gabay, pouvaient permettre aux Arabes de faire le coup de feu.

§ 5

Faculté pour l'acquéreur des Benhaïm de bénéficier de la jurisprudence ci-devant développée. — Demande en restitution, ou tout au moins d'une compensation pour les terrains dont il est indûment dépouillé.

M. Bachelet est certainement à même de bénéficier de la jurisprudence qui n'admet l'expropriation de fait qu'à la condition d'une occupation effective de l'immeuble, car ses achats sont *antérieurs* à l'instance soutenue en 1869 par les Benhaïm ses vendeurs, contre lequels seuls il y a chose jugée, et qui n'ont pu compromettre les droits de leur acquéreur.

Et quand ce dernier établira d'une façon irréfutable, comme cela lui est facile, qu'il n'y a pas eu chose jugée contre lui en 1869, ses achats datant de 1868 ; qu'après le rasement de Kalaïa dans l'unique intérêt de la défense, *l'Etat n'a pas occupé le sol et ne l'a affecté à aucun service public ;* que l'absence de toute occupation sérieuse de la part de l'Etat résulte même de l'arrêt rendu à son profit contre les Benhaïm, le 22 décembre 1869, par la Cour d'Alger, puisqu'elle décide que les actes de possession invoqués par le Domaine ne présentent même pas les conditions voulues pour prescrire ; qu'en effet, les actes intervenus *quinze ans au moins après l'opération du rasement,* n'ont consisté qu'en manœuvres et campements intermittents des troupes, et n'emportent ni possession ni expropriation comme le dit l'arrêt Gabay de la Cour d'appel d'Alger, du 11 mars 1872, celui du Conseil d'Etat du 24 juin 1868 (Aillaud), et celui de la Chambre des requêtes du 23 décembre 1873, il sera certainement décidé, à tous les degrés de juridiction, qu'il n'y a pas eu expropriation dans le sens de l'ordonnance de 1844; et les plans de deux enquêtes étant là pour montrer où sont les parcelles que le jugement du 10 avril 1849 dit appartenir aux Benhaïm, le service des Domaines objectera vainement à leur acquéreur qu'elles sont introuvables.

Ce dernier n'a même pas besoin d'évoquer, à l'appui de ses prétentions, les documents des instances vidées entre l'État et les Benhaïm en 1849 et en 1854, car de nombreux indigènes pourront encore indiquer où sont situés les immeubles à revendiquer et dont, *à aucun titre légal,* l'Etat ne peut se dire propriétaire.

Mais avant d'en venir à un débat judiciaire, M. Bachelet croit devoir en appeler à l'équité du gouvernement de la République, en demandant la restitution, sur le plateau de Kalaïa, des superficies qu'il a acquises, ou, si l'Etat désire les conserver, une compensation en d'autres terrains à Oran, à dire d'experts, jusqu'à concurrence des sept mille neuf cents mètres qu'à son préjudice le service des Domaines détient indûment.

Oran, le 30 juin 1882.

BACHELET,

ancien principal clerc de notaire.

ORAN. — IMP. A. NUCUES, BOULEVARD CHARLEMAGNE.

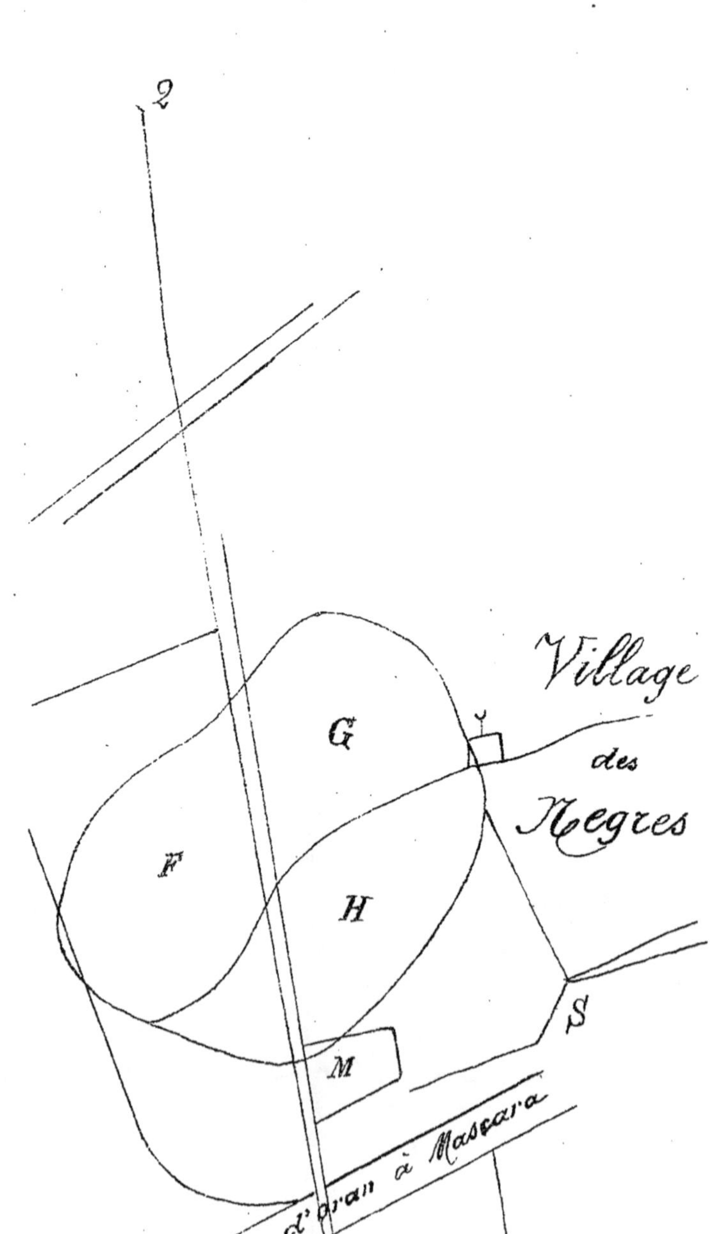

2
G
F
H
M
S
Village
des
Negres
d'Oran à Mascara

Plan dressé à la suite de l'enquête à laquelle a procédé Mr le juge de paix d'Oran
le 29 Mai 1854, en exécution d'un arrêt de la cour d'appel d'Alger, du 26 décembre 1853,
relatif à la revendication des sieurs Benhaïm contre le domaine de l'état.

Légende

D. Lunette Saint-André.
1. 2. 3. 4. Zone militaire.
5. Ancienne maison Bel Aouni.
6.   dº   Kaddour ben Omar.
7.   dº   Abdel Aziz.
E. Emplacement de l'ancien village Kalaïa.
F. Jardin Abdel Aziz.
G.   dº   Kaddour ben Miloud
H.   dº   Bel Aouni

« Dressé par l'architecte géomètre soussigné. »
« Oran, le 8 Août 1854. »
« Signé : Alphonse Girard. »
« Enregistré à Oran, le 18 Août 1854, folio 77 verso,
case 3, reçu un franc. »
« Signé : Geoffroy. »

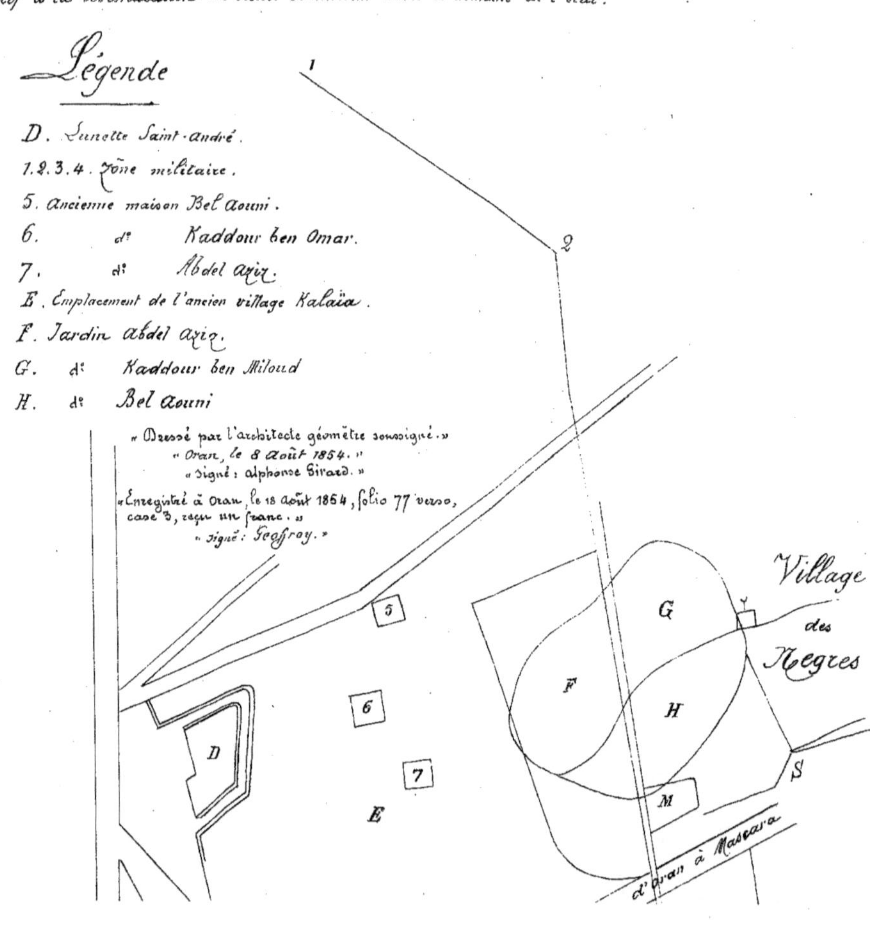

1
2
5
6
7
D
E
G
F
H
M
S
Village
des
Nègres
d'Oran à Mascara